MONSEIGNEUR

PARISIS

EVÊQUE D'ARRAS.

Mgr PARISIS

Un général, dit M. A. de Saint-Albin [1], qui meurt quinze ou vingt ans après la fin de la guerre qu'il a menée heureusement à terme et quand le pays est engagé dans de nouvelles luttes, meurt sans bruit comme le particulier le plus obscur, et on surprendrait bien des gens en leur disant : C'est un grand capitaine qui disparaît d'au milieu de nous.

Oserai-je dire cependant aujourd'hui : Un grand évêque vient de mourir !

Depuis quinze ans déjà, il avait quitté, pour le nom nouveau d'évêque d'Arras, le nom d'évêque de Langres, qu'il avait couvert de gloire. Mais il se souciait bien de la gloire ! Il ne pensait pas à elle, même pour la fuir, ne s'étant jamais senti troublé par ses attraits. Il l'avait laissée venir, s'était éloigné d'elle, l'esprit tout rempli d'autres soins et sans lui donner un regret ni une pensée. Tandis qu'il y a vingt ans on ne parlait jamais de lui qu'en disant : « L'illustre Évêque de Langres », il n'y prenait pas garde, et s'il l'avait remarqué, il aurait cru qu'on voulait parler

---

[1] *L'Événement*, 8 mars 1866, dont nous suivons le récit.

de quelqu'un de ses prédécesseurs, du cardinal de La Luzerne, par exemple.

Pour beaucoup de ceux qui s'en vont, la mort c'est l'oubli qui commence. Que pour l'ancien évêque de Langres, — que pour l'évêque d'Arras, — ce soit le réveil de la mémoire et de la reconnaissance publique.

Pierre-Louis Parisis naquit à Orléans, le 11 avril 1795. (La biographie Didot et le dictionnaire de Vapereau, qui la copie [1], disent à tort le 12 août.)

---

[1] PARISIS (Pierre-Louis), prélat français, ancien représentant, né à Orléans, le 12 août 1795, entra en 1804 au lycée et en 1807 au séminaire de sa ville natale. Il fut ordonné prêtre en septembre 1819. Chargé, de 1814 à 1822, des cours de rhétorique dans les divers séminaires du diocèse, il fut ensuite nommé vicaire de Saint-Laurent, puis de Saint-Paul d'Orléans, et, en 1828, curé de Gien. Signalé par son zèle et sa supériorité, il fut nommé, en août 1834, évêque de Langres. Au mois de septembre 1851, il est passé à l'évêché d'Arras. Il est officier de la Légion d'honneur.

En 1848, M. Parisis, que différents écrits et brochures avaient fait connaître comme un partisan déclaré de la liberté religieuse et de la liberté d'enseignement, fut envoyé par les électeurs du Morbihan, le septième sur douze, à l'Assemblée constituante. Président du comité des cultes, il se prononça, avec la droite, pour les deux chambres, pour le vote à la commune, pour la proposition Rateau-Lanjuinais, pour l'expédition de Rome. Réélu, le cinquième sur dix, à l'Assemblée législative, il fit partie de la majorité monarchique, et se renferma, après le coup d'Etat du 2 décembre, dans ses travaux ecclésiastiques ou littéraires.

Nous citerons de lui, entre autres écrits dont plusieurs ont eu un grand retentissement : *le Député père de famille, ou les Affaires impossibles* (1844); *Cas de conscience à propos des libertés exercées ou réclamées par les catholiques*, 1re série; *la Démocratie devant l'enseignement catholique*, 2e série (1847 et 1849); une suite de *Lettres* et brochures relatives à la *Liberté de l'Église* (1845-46) et à la *Liberté d'enseignement* (1843-44); *Démonstration de l'Immaculée conception de la bienheureuse Vierge Marie* (1849); *les Libres penseurs désavoués par le simple bon sens* (1857). (VAPEREAU, *Dict. univers l des Contemporains.*)

« C'était le septième de neuf enfants dont il ne resta que lui et un frère aîné qui fut tué soldat tout jeune [1]. » Son père était débitant de sel, après avoir été boulanger ; son grand-père maternel était jardinier, et si leur fils et petit-fils n'est point mort revêtu de la pourpre des cardinaux, c'est faute de l'avoir voulu. Et la chose se serait sans doute faite malgré lui, si ce qu'on appelait, il y a quinze ans, la république des royalistes, avait duré quelque peu plus.

Sa première éducation, cette éducation que l'enfant reçoit de son père et surtout de sa mère, fut profondément chrétienne ; 93 n'avait point affaibli ni intimidé la foi de ces pieux ouvriers : il l'avait au contraire exaltée. L'âge arrivé, l'enfant fut mis dans une de ces écoles que les prêtres, revenus d'exil, commençaient à ouvrir. Il fut ensuite confié à un grammairien nommé Thierry, dont il devait garder toute sa vie un pieux et tendre souvenir [2].

Mais ses progrès rendirent bientôt nécessaire son passage dans une troisième école, puis au lycée d'Orléans dont tous les professeurs, un seul excepté, affichaient l'irréligion. Ce fait, si monstrueux qu'il paraisse, n'est pas du tout extraordinaire pour le temps ; cinq de ces professeurs étaient prêtres apostats. On devine assez ce qu'étaient les élèves. Sans avoir alors une piété bien ardente, Pierre-Louis dut cependant à l'horreur que l'irréligion et la corruption de ses ca-

---

[1] LOUIS VEUILLOT, *Mgr Parisis, évêque d'Arras*, 3.

[2] Ainsi cet humble Thierry a mis la première main à la grande œuvre de faire un évêque. L'Eglise venait d'être arrachée du sol français, mais Dieu sait ce qu'il dépose dans les berceaux, et à qui il confie les berceaux. » (ID., *ibid.*)

marades lui inspiraient, de n'en pas subir la contagion [1].

Toutefois, la mère tremblait pour son enfant. On pense bien qu'elle ne voulait point laisser à ces maîtres-là le soin de diriger la première communion de Pierre-Louis. Elle ne voulut pas davantage le laisser à son curé qu'elle avait vu, quelques années auparavant, dans son église même, coiffé du bonnet rouge, au bras de la déesse Raison. Elle profita de l'ouverture du Petit-Séminaire, et y fit entrer Pierre-Louis [2].

C'est là que bientôt sa vocation se déclara [3]. A dix-sept ans il entra au Grand-Séminaire, mais comme professeur de troisième. L'Église était encore plus pauvre d'hommes que d'argent. Cependant, les fonctions du professorat données si prématurément à un jeune homme, presqu'à un enfant, étaient un grand danger. Notre jeune professeur ne se laissa pas étourdir par son élévation [4]: il regretta les bancs qu'il venait de quitter pour la chaire, et résolut de poursuivre au milieu des travaux du professorat ses études interrompues et de s'instruire encore en même temps qu'il instruisait les autres.

A vingt-trois ans, il quitta sa chaire de philosophie

---

[1] « Ce spectacle de démoralisation laissa à notre écolier une impression d'horreur qui, quarante ans après, vibrait encore en accents indignés. » (ID., *ibid*.)

[2] On comprend ainsi l'affection particulière que l'Evêque d'Arras portait à l'œuvre des petits-séminaires.

[3] Ce n'était pas ce que l'on a coutume de nommer un « enfant pieux ». « On avait failli le renvoyer à cause de sa turbulence ; on le garda à cause de sa candeur, et bientôt sa vocation se déclara. » (L. VEUILLOT, *Mgr Parisis, évêque d'Arras*, 4.)

[4] « Il y prit la première idée d'une réforme aussi ardemment combattue que courageusement proposée, et qui poursuit lentement son chemin. » (ID., *ibid*.)

pour redevenir élève, mais élève de théologie. L'année suivante, en 1819, il était ordonné prêtre, puis nommé en même temps professeur de rhétorique et vicaire dans une paroisse d'Orléans [1].

S'il n'avait pas cru sept ans auparavant que ses études littéraires étaient terminées parce qu'on venait de lui confier la classe de troisième, il était bien plus loin encore de se croire théologien, parce qu'après un an de théologie il était devenu prêtre et vicaire de paroisse. En accomplissant déjà tous ses devoirs avec le même zèle qu'il devait montrer jusqu'à la fin, il se mit avec une ardeur singulière et une force extraordinaire à cette étude de la théologie qui devait être l'étude de toute sa vie.

Nommé, en 1828, curé de Gien, il succédait à un curé qui s'était maintenu là pendant quarante-deux ans, c'est-à-dire depuis 1786, en prêtant tous les serments et en jouant tous les rôles que les circonstances lui avaient imposés. Un tel homme serait aujourd'hui très-méprisé par tout le pays : l'ancien curé de Gien était très-aimé. Les têtes de 1828 étaient un peu à l'envers, le curé de Béranger était pour bien des gens le type du bon curé, et l'ancien curé de Gien, de mœurs et d'humeur faciles, réalisait tout à fait ce type-là. Indifférent à tout et surtout aux intérêts de la religion et de l'Eglise, il n'était soucieux que de vivre joyeusement. L'abbé Parisis devait déplaire où son

---

[1] « Comme vicaire, il s'appliqua d'abord à bien prêcher, sur le modèle de Massillon. Mais il tenait plus à sauver les âmes qu'à se mettre en renommée, et il apprit vite que l'orateur sacré doit étudier son auditoire plus que sa phrase, méditer ses discours plus que les apprêter, les chercher dans sa tête et dans son cœur plutôt que dans les livres qui les donnent tout faits, et surtout se remplir sans cesse des eaux vives de la doctrine. Cette expérience lui fit laisser Massillon. » (ID., *ibid.*)

prédécesseur avait réussi. Une mission au pays des infidèles n'eût pas été de beaucoup dangereuse, et eût été moins difficile [1].

Comme si les difficultés n'avaient pas encore été assez grandes, la Révolution de 1830 survint, qui fut fêtée par un charivari donné au curé, par les cris : *A bas la calotte !* dont on l'accueillait à son passage dans les rues, par les menaces de le jeter à l'eau pour noyer avec lui la superstition et le fanatisme. L'abbé Parisis n'eut pas l'air de s'apercevoir de tout ce tapage, et continua paisiblement son œuvre, qui matériellement et moralement n'était pas petite : église tombant en ruines, et qu'il fallait relever, écoles à ouvrir, institutions de charité à fonder, population à ramener aux pratiques religieuses.

En 1834 sa besogne était faite, quand, sans en avoir été averti, il fut nommé évêque de Langres [2].

M. Louis Veuillot dit : « Mgr Parisis n'a jamais su « qui l'avait désigné au gouvernement. » J'ai ouï raconter que ce fut Louis-Philippe lui-même. Dans

---

[1] « Le curé auquel il succédait était resté là quarante-deux ans, moyennant tous les serments révolutionnaires. Prêtre tolérant, paresseux, jovial, de bonnes mœurs indécentes, très-aimé. Sur 5,500 âmes, deux dévotes, toutes deux ridicules. Point de presbytère, des écoles scandaleuses, une église qui croulait. Il fallait corriger les mœurs, détruire les mauvaises coutumes, déplaire et demander de l'argent. Quand il parla de reconstruire l'église, on lui dit que le quai neuf restait à payer. Lorsqu'après un an de travail il osa proposer à une dame pieuse de communier tous les quinze jours, elle s'écria qu'elle n'avait jamais fait parler d'elle et n'était nullement en humeur de commencer. » (ID., *ibid.*)

[2] Un soir, il reçut de Paris un grand pli ministériel. Il l'ouvrit avec une certaine appréhension de ce qu'il allait trouver là-dedans. Il y trouva une ordonnance royale qui le nommait au siège de Langres. » (ID , *ibid.*)

un de ses voyages, on avait fait dîner à sa table le curé de Gien, et il l'avait entretenu. L'abbé Parisis, qui ne portait pas encore et qui ne prévoyait pas devoir jamais porter la chape d'évêque, ne parla au prince que de sa paroisse et des besoins de son église, laissant aux évêques le soin des intérêts généraux à défendre contre le chef de l'Etat. C'est ainsi qu'il trompa Louis-Philippe, sans y songer.

Le cardinal de Rohan venait de mourir, l'évêque de Langres, Mgr Matthieu, était désigné pour le remplacer sur le siège de Besançon qu'il occupe encore aujourd'hui, et il ne s'agissait plus que de pourvoir à la succession de Mgr Matthieu. Le ministre des cultes avait sans doute son candidat. Mais Louis-Philippe le prévint et lui dit :

— Je sais un bonhomme de curé qui est tout à ses devoirs; quand nous en aurons fait un évêque, il ne s'occupera que de l'administration de son diocèse, comme il ne s'occupe aujourd'hui que de sa paroisse : ce n'est pas celui-là qui nous fera de l'opposition !

Louis-Philippe était trop intelligent pour vouloir jamais donner la crosse et la mître au bon curé de Béranger.

Il avait dans l'esprit un certain idéal d'évêque très-attaché à ses devoirs et en même temps serviteur très-docile du prince, soumis aveuglément à toutes ses volontés. Dix-huit ans n'ont point suffi à Louis-Philippe pour mettre la main sur cet évêque-là : mais il faut avouer que jamais il n'eut la main aussi malheureuse (j'entends pour sa politique) que le jour où il prit l'abbé Parisis pour le faire évêque de Langres.

Le nouvel évêque fut sacré à Paris, aux Carmes, par Mgr de Quélen, plus impopulaire encore à Paris que le curé de Gien dans sa petite ville. Le prélat consécrateur était assisté de Mgr de Forbin Janson, évêque exilé de Nancy, et de Mgr de Gallard, évêque de Meaux, en grande faveur. « La Providence, dit fort bien M. Louis Veuillot, donnait au nouvel évêque à réfléchir et à choisir. » Ses réflexions étaient faites, et aussi son choix.

Mgr Matthieu n'avait guère fait que passer à Langres, et il laissait à son successeur une rude besogne. Assurément, le diocèse valait mieux que la paroisse de Gien, mais il y avait là aussi de grands désordres dont Mgr Parisis n'avait pas même l'idée avant d'être évêque. Il vit sept liturgies à la fois en exercice dans son diocèse, sans parler d'une multitude d'usages plus ou moins étrangers établis depuis quarante ans par les curés ou par les maîtres d'école. Cette bigarrure frappa son esprit et attira son attention sur la liturgie [1].

La question liturgique, qui a fait tant de bruit depuis bientôt trente ans, n'existait point encore ; elle est née de la réforme que l'évêque de Langres accomplit le premier en revenant et en ramenant tout son diocèse avec lui à la liturgie romaine.

---

[1] Il opéra des réformes qui réussirent, donna des règlements qui sont restés, imposa des études dont on le bénit plus tard, pratiqua des épurations nécessaires, entreprit de grands établissements, sans presque savoir lui-même par quelles ressources il y suffirait. Le détail n'est pas possible ici, et c'est dommage. On y verrait quelque chose de plus que le caractère particulier de Mgr Parisis, ce serait le tableau de la vie d'un évêque.

« Mgr Parisis eut la gloire de donner l'exemple du retour à la liturgie romaine. Il le fit lorsque presque personne encore n'y pensait, plus par nécessité que par théorie. Sept liturgies à la fois étaient en exercice dans le diocèse de Langres, plus une multitude d'usages implantés depuis quarante ans par les curés ou simplement par les maîtres d'école. A la cathédrale on avait la messe et l'office selon le romain, et pour bréviaire une confection semi-parisienne qui ne datait pas de dix ans. C'était le beau idéal de la liberté gallicane en matière de liturgie. »   (ID., *ibid.*).

L'évêque de Langres fut aussi l'un des premiers qui réclamèrent la liberté d'enseignement promise par la Charte de 1830, et, dès sa première réclamation (*Examen sur la liberté d'enseignement, au point de vue constitutionnel et social*), il fut reconnu de tous pour le chef ecclésiastique du parti catholique [1].

Si j'essayais de raconter la vie de Mgr Parisis, pendant les dernières années de Louis-Philippe, et sous la république de 1848, je serais amené à raconter purement et simplement l'histoire de France pendant ces années-là. La révolution de février vint lui donner avec son rôle d'évêque un second rôle public, celui de représentant du peuple à l'Assemblée constituante et à l'Assemblée législative.

Il avait d'abord refusé le mandat que voulaient lui donner les deux départements des Vosges et des Bouches-du-Rhône. Quand il apprit que les populations catholiques du Morbihan avaient eu la même pensée, l'élection était presque un fait accompli : il était trop tard pour refuser, ou du moins il n'aurait pas su refuser sans compromettre le succès de toute la liste où il était porté. Et puis, dans l'intervalle, on

---

[1] Néanmoins l'évêque de Langres n'était ni ne voulait être ce que l'on appelle un Chef de parti. Il restait chez lui, ne se mêlant de ce qui se passait à la tribune et dans les journaux que lorsqu'il était consulté ; et alors il envoyait confidentiellement des avis toujours également courageux et doux. Mais il se tenait au courant, et, dès qu'il jugeait à propos d'intervenir, on voyait apparaître une brochure brève, nette, substantielle, qui affirmait et éclairait les principes, fournissait la bonne réponse aux objections et ouvrait la voie.

« Parmi les Catholiques, nul n'aurait pensé seulement à s'écarter de l'Évêque de Langres. Aucun des plus hardis n'allait plus loin, aucun des plus réservés n'eût voulu dispenser de le suivre en quelque façon. »   (ID., *ibid*).

lui avait envoyé de Rome, où l'on désirait qu'il prît part aux travaux de l'Assemblée, l'autorisation de résider hors de son diocèse.

La loi Falloux, qui n'était pas tout à fait la réalisation de son programme en fait de liberté d'enseignement, apportait cependant une grande joie à son cœur de chrétien, de français et d'évêque. Désormais, les pères de famille qui voulaient faire donner à leurs enfants une éducation plus religieuse que celle des lycées, n'étaient plus obligés, comme sous Louis-Philippe, de les envoyer à l'étranger [1].

Un jour, M. de Crouseilles demanda à Mgr Parisis d'accepter le siège d'Arras, vacant par la mort du cardinal de la Tour-d'Auvergne. Les vingt-deux députés du département, le Chapitre et les directeurs des séminaires appuyaient cette demande. Mgr Parisis prit conseil, et vit que son travail à Langres était terminé. Comme jadis à Gien, il n'avait plus qu'à recueillir. On ne lui offrait aucun avantage temporel, aucun accroissement de dignité, mais seulement des fatigues. Il se sentit assez de forces, et accepta le nouveau champ que Dieu proposait à ses sueurs.

Peu de temps après avoir quitté, non sans quelque regret, ce nom d'Evêque de Langres, qu'il avait fait si retentissant dans l'Eglise, Mgr Parisis vit les événements lui fournir l'occasion de quitter aussi la vie politique. Il reprit les labeurs ordinaires de l'épiscopat ; il fonda, bâtit, réforma, enseigna [2] ; il sut s'arranger

---

[1] *M. Alexis de Saint-Albin*, l'*Événement*, 8 mars 1866.
[2] Il ne nous appartient pas de parler de ses œuvres ou de ses créations purement spirituelles, comme ses sages règlements sur tout ce qui concerne la piété chrétienne, les confréries, le culte du Très-Saint-Sacrement et les associations en l'honneur de la

pour que cette existence, en apparence et à certains égards plus douce, ne fût point un repos. Les rares

Très-sainte Vierge. Jetons seulement un coup-d'œil rapide sur les établissements qui ont pris naissance ou se sont développés sous son administration.

Cinq maisons de religieux, ou plutôt d'apôtres, s'ouvraient à Hardinghem, à Boulogne, à Arras, à Amettes et à Saint-Omer, les unes à l'heure même même où il venait de prendre possession de son siége, les autres peu de temps après ; c'était les Passionnistes, les Rédemptoristes, les Pères de la Miséricorde, les Pères Maristes et les Carmes.

A ces foyers de prédication évangélique se joignent les asiles de la charité destinés à recueillir des orphelines, les jeunes détenues, les âmes fatiguées du monde et désireuses de revenir au sentier du devoir. Vous reconnaissez ici les deux maisons du Bon-Pasteur fondées à Arras et à Saint-Omer, et qui contiennent à elles deux plus de cinq cents jeunes personnes attachées, sinon au désordre, du moins au délaissements et à la misère.

Faut-il parler de ce qu'il fit pour l'éducation chrétienne ? Voyez ce monument grandiose se construisant à grands frais et se mettant à la disposition des familles comme préparation au sacerdoce, aussi un peu à toutes les carrières libérales; car s'il est, avant tout, petit-séminaire, il tient quelque chose d'un grand collége catholique. Il se formait à peine, contenant déjà plus de 300 élèves, lorsqu'un incendie le consume. Le Prélat se remet à l'œuvre ; les murs renversés sortent de leurs ruines comme par enchantement; le second monument ne le cède pas au premier; il est même plus vaste, plus splendide, et sa population plus exubérante que jamais. Au dire de beaucoup, ces deux constructions n'ont pas coûté moins de quatorze à quinze cent mille francs !......

A côté de ces maisons ouvertes aux jeunes gens, le zélé Pasteur s'est empressé de fonder une communauté mère, véritable pépinière d'institutrices dévouées pour l'éducation des jeunes personnes du sexe. Les filles de la Providence d'Arras sont répandues dans tout le diocèse, où elles comptent 40 écoles fréquentées par des milliers d'enfants. Le vénérable Fondateur s'est proposé un double but dans cette belle création : instruire et former l'enfance, et soigner les malades à domicile, en leur portant des secours matériels et des consolations salutaires.

Pour n'être pas trop long, il faut faire une foule d'autres

occasions qui l'amenèrent à se montrer au dehors témoignèrent de sa vigilance sur les intérêts généraux

œuvres, qui, pour être moins saillantes, contribuent néanmoins dans une grande proportion au bien du diocèse. Ainsi, l'institution si précieuse des retraites et des conférences ecclésiastiques.

L'association aussi fort utile des dames des églises pauvres, et des pauvres malades.

La réunion en congrégation générale des petites communautés des Franciscaines et des Augustines, qui se mouraient dans leur isolement, et qui fleurissent maintenant d'une manière admirable.

Les assemblées dominicales, préservatif puissant contre les dangers des jours fériés.

L'organisation nouvelle de la Propagation de la Foi et de la Sainte-Enfance. (*Propagateur* 8 Mars).

Nous n'avons rien dit des communautés des Petites-Sœurs des Pauvres fondées à Saint-Omer et à Boulogne, et qui nourrissent par centaines de vieillards ; ni des sœurs du Bon-Secours, instituées à Boulogne pour les malades à domicile, ni des jeunes aveugles confiés aux soins des Sœurs de Saint-Vincent de Paul ; ni des sourds-muets, ni des jeunes orphelins, qui se sont accrus d'une manière si merveilleuse.

Il fallait encore mentionner d'une manière toute particulière les magnifiques couvents des dames de Nazareth à Boulogne, auxquelles Sa Grandeur portait un si vif intérêt, et que le pays doit à son initiative. Rapprochez de ces deux précieuses fondations celles des Sœurs de l'Enfant-Jésus, du Saint-Cœur de Marie, de la Compassion de la Sainte-Vierge, des Servantes de Marie, et des Dominicaines du Saint-Rosaire, et vous aurez un aperçu bien incomplet encore des créations dues au zèle de l'infatigable Prélat.

On a remarqué depuis son arrivée dans le diocèse un mouvement vraiment extraordinaire dans la construction des monuments religieux. Il a passé, dit l'*Annuaire diocésain de* 1866, des villes dans les campagnes ; il s'est produit au sein des populations comme au milieu du clergé. A quoi faut-il l'attribuer ? Dieu sans doute en est la cause ; mais, en dehors de l'action divine si visiblement marquée dans ces œuvres de foi, qui rappellent les siècles du moyen âge, il faut dire qu'il est dû aux excitations et aux encouragements de notre digne évêque. Or, depuis 1852 plus de soixante-dix églises ont été construites dans les villes et dans les paroisses rurales ; et le nombre de celles qui

de l'Eglise, de la solidité de sa doctrine, de la constance de ses affections[1].

Depuis quinze ans, l'épiscopat français s'est trouvé engagé dans de nouvelles luttes, et l'évêque d'Arras y a toujours pris part, comme l'évêque de Langres aux luttes d'autrefois ; mais il n'y a jamais apporté que le sentiment du devoir, toujours tout puissant chez lui.

C'est Mgr Parisis qui a donné du journal l'*Univers* cette définition demeurée fameuse : *C'est une grande institution catholique.* Mais ce mot n'aurait pas toute sa valeur, si je n'ajoutais que cette définition il l'a donnée au moment même où l'*Univers* était le plus attaqué[2].

« Il intervint plusieurs fois, dit M. Louis Veuillot, pour protéger un journal catholique puissamment combattu et donner des marques de son estime à des écrivains qui avaient cru devoir, dans la délicate et douloureuse question de l'enseignement, se séparer de lui ou plutôt de sa conduite. Il ne leur compta point ce dissentissement pour un crime, vertu moins banale qu'on ne croirait[3]. »

S'il faut marquer le trait dominant du caractère de l'Evêque d'Arras, c'était l'amour de l'Eglise : ou plutôt ce trait fut tout son caractère et toute sa vie. Il fut prêtre, il fut évêque, et il aima l'Eglise. L'homme,

ont été agrandies, restaurées, enrichies de vitraux, de peintures et d'objets d'art sont bien plus nombreuses encore. Ces faits parlent plus éloquemment que le langage humain, pour peindre les bienfaits de l'administration de Mgr Parisis. Ils seront les impérissables témoignages de son zèle actif et dévoué.— (*Propagateur*, 10 mars.)

[1] L. VEUILLOT, *Mgr Parisis, évêque d'Arras.*
[2] M. A. DE SAINT-ALBIN, l'*Événement.*
[3] L. VEUILLOT, *Mgr Parisis, évêque d'Arras.*

absorbé dans sa fonction auguste, y disparaissait tout entier. Il fut doux, austère, patient ; et, parce qu'il aimait l'Église, nous l'avons vu, consumé pour elle d'une ardeur toute filiale, tour à tour conciliant et ferme, doux et inébranlable dans ses résolutions.

Des détails sur sa manière d'être et de vivre pourraient intéresser et édifier, mais on ne saurait descendre à ces curiosités à propos de l'un des hommes le plus fait pour mériter le respect et qui l'inspira le plus.

La mort ne l'a point surpris, mais elle l'a pris au milieu des travaux de sa charge pastorale [1].

---

[1] L'Eglise de France et le Saint-Siége viennent de faire une perte douloureuse dont la menace n'était que trop impossible à conjurer. Mgr l'Evêque d'Arras a rendu son âme à Dieu.

Il faudrait à cette mémoire vénérée bien d'autres hommages que ceux que notre fidèle et respectueuse affection peut lui offrir, en ce moment, sous le coup d'une vive et profonde douleur. Qu'au moins il nous soit permis de rappeler quelles lumières jetait cet esprit droit et élevé, quel zèle intrépide déployait ce courage apostolique, quelle charité débordait de ce cœur magnanime et vraiment épiscopal.

Le nom de Mgr Parisis demeurera attaché avec le plus grand honneur à ces luttes mémorables où l'unanimité de l'épiscopat conquit, à force de raison, d'indépendance et de dévouement, la liberté de l'enseignement chrétien et sauva les plus précieux droits de l'Eglise.

Ce grand mouvement, auquel l'Évêque de Langres prit une part si décisive, est une des gloire de notre temps, et cette gloire s'inscrit sur des annales impérissables, les annales de la catholicité. A mesure que les témoins et les guides de cette heureuse impulsion disparaissent, il se fait dans nos âmes un vide cruel, et nous sentons que de puissants secours nous abandonnent.

Mais Dieu est là, et sa cause, en honorant les instruments qu'elle perd, sait en retrouver de nouveaux et de non moins dévoués. Mgr Parisis fut l'un des premiers, des plus sûrs et des plus modestes champions de cette cause immortelle. Il l'a servie partout, dans sa carrière sacerdotale, par sa plume, par ses paroles, sur les bancs des assemblées politiques, dans les conciles provinciaux.

DIEU N'A BESOIN DE PERSONNE, écrivait dans le *Monde*, à la date du 6 mars, une plume doublement autorisée. Mgr Pierre-Louis Parisis, le grand Evêque d'Arras, a expiré cette nuit [1], à deux heures du matin. Il était né le 11 avril 1795 ; il avait été sacré évêque le 8 février 1835. Sa vie, dès son entrée au séminaire d'Orléans, n'a été qu'un long et ardent travail pour la gloire de Dieu. Ce travail n'a cessé qu'au moment où Mgr Parisis est tombé dans son cabinet, mercredi dernier [2], la plume à la main. La veille, il donnait le salut dans sa cathédrale ; le matin même, levé avant le jour, suivant son usage, il avait offert, le 28 février, le saint sacrifice avec sa piété accoutumée. Ceux qui l'ont trouvé évanoui venaient à un conseil indiqué pour les affaires du diocèse. Il est donc mort comme il a vécu, au pied de l'autel, la main à l'œuvre.

dans la chaire et sur le trône épiscopal. Il est mort, si j'ose dire, au champ de bataille, en plein exercice de ses devoirs et de sa charge, au lendemain d'une admirable instruction pastorale, au milieu du gouvernement de son diocèse, et au sortir du saint autel.

Le Souverain-Pontife a béni son dernier soupir : il n'avait pas de fils plus soumis et de frère plus tendrement dévoué. Les doctrines de la sainte Eglise romaine trouvaient en Mgr Parisis un savant, docile et éloquent interprète ; la souveraineté pontificale l'avait toujours vu au premier rang de ses soutiens et de ses serviteurs.

Le deuil sans égal de l'Eglise d'Arras sera partagé par toutes les Eglises de France, et Rome s'y associera avec une maternelle sympathie.

Pour nous qui revendiquons le droit, malgré la distance, de nous dire ses amis, nous nous désolons que ce flambeau ait été si rapidement éteint, et nous nous inclinons, en l'adorant, devant la main qui a voulu donner au vétéran de l'épiscopat la couronne due à sa piété et à ses mérites !

(HENRY DE RIANCEY. — *Union*.)

[1] 5 mars.
[2] 28 février.

Ainsi devait mourir ce grand homme, ce grand serviteur des âmes et de la liberté chrétienne.

Il était prêt ; on ose dire que toute sa vie il a été prêt à paraître devant son juge ; mais depuis quelques mois, sans fléchir, sans rien accorder à la fatigue, sans rien refuser au labeur, il s'attendait à ce coup soudain [1]. Durant l'agonie, ou plutôt le sommeil de quelques jours qui a précédé son réveil éternel, les médecins doutent qu'il ait repris ses sens. Cependant l'éminent archevêque de Bourges, Mgr de La Tour d'Auvergne, jadis son vicaire général et plus encore son disciple, qui était accouru près de lui avec la piété d'un fils, croit en avoir été reconnu. Ceux qui ont pratiqué Mgr Parisis et qui savent combien cette âme forte était pleine et surabondait de tendresse, se réjouiront de penser qu'il a eu cette douceur d'arrêter ses regards sur un tel ami.

Le diocèse d'Arras est dans la douleur. L'estime qui l'avait fait appeler, en 1850, s'était élevée jusqu'à la vénération lorsque l'on avait vu sa modestie aussi grande que son courage, sa charité égale à son zèle, sa vigilance que rien ne détournait, sa prudence que rien n'effrayait, enfin ce beau caractère épiscopal auquel rien ne manquait ni dans la foi, ni dans la sagesse, ni dans la grandeur, ni dans l'humilité.

O Évêque, ô Père, Ami sûr de la justice, remplissez de votre constance ceux qui ont eu la noble joie de vous suivre et qui s'honorent de vous pleurer !

---

[1] Le mandement de MM. les Vicaires capitulaires donne aux fidèles ce touchant détail que, depuis quelque temps déjà, Monseigneur avait accoutumé de réciter chaque jour les prières des agonisants.

Arras. — Typographie Rousseau-Leroy.

Arras.—Typographie Rousseau-Leroy, rue Saint-Maurice, 26.

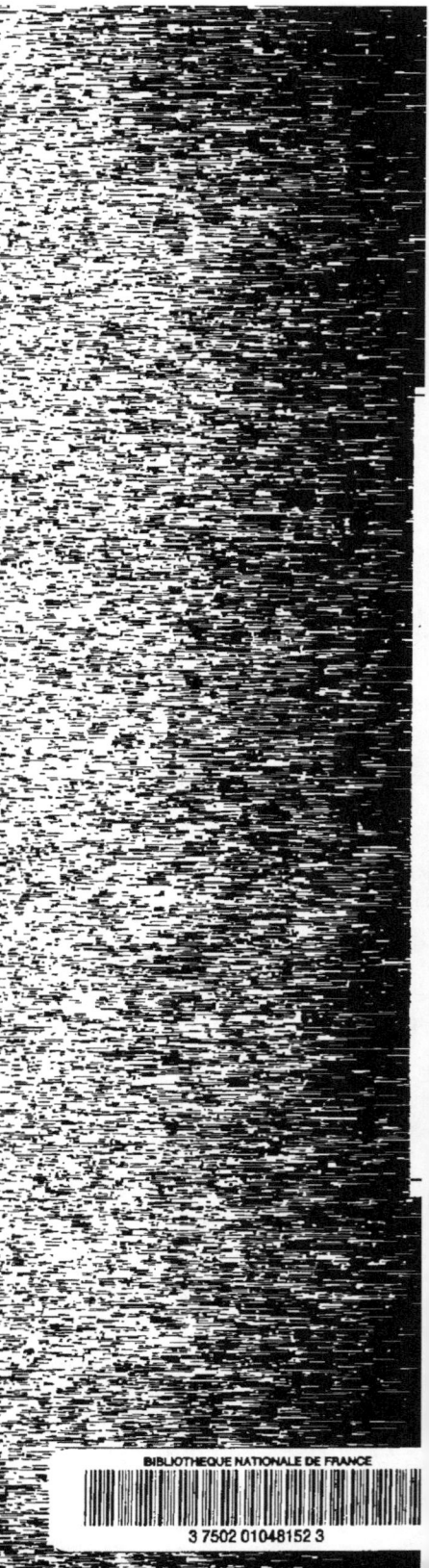

www.ingramcontent.com/pod-product-compliance
Lightning Source LLC
Chambersburg PA
CBHW060632050426
42451CB00012B/2551